高等职业技术院校汽车类专业

汽车营销与服务（第二版）习题册

张海龙　主编

中国劳动社会保障出版社

简　介

本习题册是高等职业技术院校汽车类专业教材《汽车营销与服务（第二版）》的配套用书。习题册内容紧扣教材的教学要求，注重基础知识的巩固和基本能力的培养，知识点分布均衡，题型丰富，难易适当，有助于学生复习巩固所学知识。

本习题册由张海龙主编。

图书在版编目（CIP）数据

汽车营销与服务（第二版）习题册 / 张海龙主编. -- 北京：中国劳动社会保障出版社，2020

高等职业技术院校汽车类专业

ISBN 978-7-5167-4759-9

Ⅰ.①汽…　Ⅱ.①张…　Ⅲ.①汽车 - 服务营销 - 高等职业教育 - 习题集　Ⅳ.① F766-44

中国版本图书馆 CIP 数据核字（2020）第 191209 号

中国劳动社会保障出版社出版发行

（北京市惠新东街 1 号　邮政编码：100029）

*

三河市潮河印业有限公司印刷装订　　新华书店经销

787 毫米 ×1092 毫米　16 开本　5.75 印张　133 千字

2020 年 10 月第 1 版　　2025 年 11 月第 8 次印刷

定价：14.00 元

营销中心电话：400-606-6496

出版社网址：http：//www.class.com.cn

http：//jg.class.com.cn

目　录

模块一　汽车营销概论

课题一　汽车营销概述

一、填空题

1. 汽车是________商品，少则几万元到几十万元，多则几百万元至几千万元；同时，汽车也是__________商品，不仅仅是代步工具，还充分展示人的身份、地位、品味、爱好、生活方式和审美等多方面信息。

2. 汽车是人们提高________品质、创造__________方式的一种选择。

3. 客户在购车之前会有一个很长的________、________过程；在购车过程中，各种因素的作用也会使客户的购车决策出现________和__________。

4. 营销人员在营销过程中要有打持久战的思想准备，这对营销人员的______________和______________有相当高的要求。

5. 我国汽车市场受国家____________、____________及____________发展影响较大，且易受______________的冲击，是一个对外界刺激十分敏感的市场。

6. 我国汽车营销体系不断完善，呈现出规模化、________、__________和_________等特点。

7. 宏观环境因素对企业的营销活动具有强制性、____________和____________等特点。

8. 外部环境因素包括____________因素和__________因素，它们是外部环境对公司的发展直接有影响的有利和不利因素，属于__________因素；内部环境因素包括__________因素和_________因素，它们是公司在其发展中自身存在的积极和消极因素，属于__________因素。

9. 通过构造SWOT矩阵，可以分析出企业在营销环境的变化过程中会出现理想企业、________________、________________、__________________四种类型。

10. 微观环境对企业营销活动的影响具有__________和__________，企业对微观营销环境在一定程度上具有______________。

二、选择题

1. 汽车营销体现的是一种（　　）的营销。

A．生活品质　　B．生活方式

C．人际关系　　D．社会关系

2. 汽车营销进入壁垒高主要表现为对于进入者的（　　）要求很高，经销商生存压力大。

A．科技实力　　B．售后服务

C．资金实力　　D．产品质量

3．下列选项中不属于市场营销微观环境的是（　　）。

A．供应商　　B．使用环境

C．营销中介　　D．客户市场

4．下列选项中不属于市场营销宏观环境的是（　　）。

A．人口环境　　B．自然环境

C．科技环境　　D．销售渠道

5．下列选项中属于企业威胁的是（　　）。

A．设备老化　　B．资金短缺

C．突发事件　　D．产品积压

6．下列选项中不属于社会文化环境的是（　　）。

A．家庭结构　　B．价值观念

C．生活方式　　D．行为规范

7．下列选项中不属于企业内部因素的是（　　）。

A．企业形象　　B．市场份额

C．竞争力差　　D．新市场

8．下列选项中不属于企业外部因素的是（　　）。

A．技术力量　　B．新需求

C．市场紧缩　　D．客户偏好改变

9．下列选项中不属于企业竞争的优势的是（　　）。

A．充足的财政来源　　B．良好的企业形象

C．新需求　　D．产品质量好

10．下列选项中不属于企业竞争的机会的是（　　）。

A．规模经济　　B．外国市场壁垒解除

C．新需求　　D．竞争对手失误

三、判断题

1．汽车营销学是一门科学，更是一门艺术。（　　）

2．汽车是科技产品中结构最为复杂、技术含量最高的商品，也是技术更新最快的商品。（　　）

3．汽车的营销对象多是具有较高收入或稳定的职业群体，这是一个特定的高消费人群。（　　）

4．汽车营销是一种终身销售和服务。（　　）

5．汽车是人们在解决温饱问题过程中的生活必需品。（　　）

6．汽车营销人员只需要了解汽车本身，不必过多地了解与汽车相关的知识，相关业务知识并不重要。（　　）

7．一般来说，汽车企业对宏观环境因素只能适应，不能改变。（　　）

8．汽车营销环境是指影响汽车企业营销活动，并与营销活动有关的所有内部力量和相关因素的集合。（　　）

9．汽车市场营销微观环境是指与汽车企业关系密切、能够影响客户购买能力的各种

因素。　　　　　　　　　　　　　　　　　　　　　　　　　　　　　　　　（　　）

10．企业可以结合自身的营销目标，对部分微观环境因素进行必要的调整和控制。（　　）

四、简答题

1．简述汽车营销的特点。

2．简述我国汽车营销的特征。

3．汽车市场营销宏观环境包括哪些方面？其具体内容有哪些？

4. 什么叫SWOT分析法？画出其坐标分析图。

课题二　汽车市场需求

一、填空题

1. 汽车作为社会经济生活的一种重要工业产品，其市场需求总是随________的波动而波动的，这种波动具有明显的________特点。

2. 汽车市场需求波动主要包括________、________、________和________四种形态，其中后三种波动形态被称为“________”。

3. 季节性波动以______为周期，是一再发生于某个季节或某一月份的循环波动。

4. 周期性波动以______为周期，是与国民经济周期性的宏观波动进程大致相同的一种循环波动，受________周期性波动的影响。

5. ________、MPV和________构成了低线城市消费者的需求特点。

6. 不同类型购买者构成的需求群体称为________，每种不同类型的客户称为________。

7. 影响私人汽车消费行为的因素很多，主要包括________、________、________和________等。

8．马斯洛需求层次理论按重要程度依次为＿＿＿＿＿＿需要、安全需要、＿＿＿＿＿＿需要、尊重需要和＿＿＿＿＿＿需要。

9．人们一般经历三种知觉过程，一是＿＿＿＿＿＿＿＿，二是＿＿＿＿＿＿＿＿，三是＿＿＿＿＿＿＿＿。

10．就卖方而言，私人消费市场是“＿＿＿＿＿＿＿＿”市场，集团组织市场多数是“＿＿＿＿＿＿”市场。

二、选择题

1．下列选项中属于汽车市场需求波动周期中“高涨阶段”特征的是（　　）。

A．汽车产品的整体价格水平或价格指数下降

B．汽车价格指数维持在高位水平

C．汽车价格指数开始上升

D．汽车价格指数维持在低价水平

2．在萧条阶段，汽车销售量保持低谷水平，销售下降趋势得以停止，同比或环比销售增长率较小甚至为零，汽车市场呈现出（　　）市场特征。

A．买方　　B．卖方

C．生产　　D．销售

3．季节性波动主要由（　　）的市场需求规律决定。

A．宏观经济　　B．产业自身

C．区域经济　　D．国民消费

4．下列选项中不属于汽车市场需求波动形态中偶然性波动特征的是（　　）。

A．钓鱼岛事件　　B．新冠肺炎疫情

C．金九银十　　D．购置税减半政策

5．下列选项中不属于购车参照群体范畴的是（　　）。

A．单位　　B．哥们

C．朋友圈　　D．营销员小王

6．当消费者倾向于某一汽车品牌时，即使他们了解到该品牌汽车有某些不足，也可能会无视这些不足而采取购买行动，这是人们的（　　）知觉过程。

A．选择性忽视　　B．选择性注意

C．选择性理解　　D．选择性记忆

7．消费者在面对众多汽车广告时，可能引起他们注意的只有一条，因为这条广告，消费者可能会对该广告宣传的车型做进一步的了解，很可能最终选择该车型，这是人们的（　　）知觉过程。

A．选择性忽视　　B．选择性注意

C．选择性理解　　D．选择性记忆

8．几个相处较好的朋友购买同一品牌的汽车，这属于影响私人汽车消费行为的（　　）。

A．文化因素　　B．社会因素

C．个人因素　　D．心理因素

三、判断题

1. 汽车市场需求的变化一般都是平稳的，不会有什么波动。（　　）

2. 新车销售的增长依赖于二手车市场，新车交易量的相当比例来源于置换消费。（　　）

3. 偶然性波动的特点是波动的出现没有规律，不可重复。（　　）

4. 汽车市场需求的各种波动形态是接连出现的，每种形态是在综合其他形态的影响后才表现出来的。（　　）

5. 由于季节关系而使汽车市场需求发生数量上的伸缩现象，这种现象总是在每年特定的时期有规律地出现。（　　）

6. 沿海地区及大型中心城市的汽车市场大于其他地区，这主要是因为沿海地区及大型中心城市的人口多。（　　）

7. 三四线城市以及农村市场将成为我国未来汽车市场增长的主力。（　　）

8. 个人所处的社会阶层在社会中的地位或在社会结构中所占据的位置，必然影响其汽车消费行为。（　　）

9. 在缺乏客观标准的情况下，个人购买汽车的选择往往是以个人的经济条件为依据的。（　　）

10. 客户的购买行为通常会受到年龄、职业、身份、地位、生活方式、经济状况和个性等个人因素的影响。（　　）

11. 购买汽车的人，其前提是家庭条件富裕。（　　）

12. 在信息相对闭塞的熟人社会中，农村消费者购车从众意识强，注重产品口碑，对亲戚朋友信赖度高。（　　）

13. 亚文化对个人汽车消费的影响更为直接，更为重要。（　　）

14. 马斯洛需求层次理论可以帮助营销人员理解消费者的生活和目标，但无法识别消费者的需要。（　　）

15. 一般情况下，汽车企业应努力改变消费者的态度，同时也要考虑如何改变自己的产品形象，以适应消费者的态度。（　　）

四、简答题

1. 汽车市场需求的衰退阶段有何特征？

2. 简述汽车市场需求波动的主要形态。

3. 简述我国汽车市场需求的特征。

课题三　汽车品牌营销推广

一、填空题

1. ________是汽车品牌营销推广的主要载体。

2. 平面媒体是以________为载体发布新闻或者资讯的媒体，也称为________，主要包括________和________。

3. 插页广告是指夹带在报纸中的散页广告，主要有________和________两种。

4. 杂志可分为________杂志、________杂志和________杂志等。

5. 户外媒体必须具备两个基本要素，即________和________。

6. Web 网页上最常见的，也是最有效的广告形式是________，被很形象地称为________。

7. 微博的特点是“________”和“________”。

8. 作为一个社交媒体平台，微博不仅包含了用户的讨论，还拥有完整的________和________数据。

9. 赞助营销推广融合了________与________两个方面的特点。

二、选择题

1．下列选项中不属于报纸广告的是（　　）。

A．展示广告　　B．海报广告

C．插页广告　　D．分类广告

2．娱乐营销的实质是一种（　　）。

A．关系营销　　B．体验营销

C．感性营销　　D．情感营销

3．赞助营销是企业的一种（　　）。

A．软性广告　　B．公益广告

C．理性广告　　D．感性广告

4．汽车造型和动感展示的最佳载体是（　　）。

A．广播电台　　B．影视媒体

C．报纸　　D．杂志

三、判断题

1．插页广告不会出现在正常的报纸版面上，而是在发行前夹入报纸内。（　　）

2．旗帜广告主要被广告主应用在其他浏览量较大的站点发布广告信息，这种广告通常都不带链接。（　　）

3．报纸不具备广阔的创意空间，其广告形式无法体现文案结构的全部。（　　）

4．报纸广告可以用较长的篇幅来传递商品的详尽信息，既有利于消费者理解和记忆，也有更高的保存价值。（　　）

5．电梯广告、地铁广告等广告形式不属于户外媒体广告范畴。（　　）

四、简答题

1．汽车品牌营销推广的内涵主要体现在哪些方面？

2．赞助营销推广的策略有哪些？

3．赞助营销推广的类型有哪些？

4．分析娱乐营销大受欢迎的原因。

模块二　汽车推销技术

课题一　潜在客户开发

一、填空题

1．普通的营销人员总是去＿＿＿＿＿需求、＿＿＿＿需求，而优秀的营销人员则是去＿＿＿＿＿需求、＿＿＿＿＿需求。

2．潜在客户必须具备三个基本要素，即＿＿＿＿＿、＿＿＿＿＿、＿＿＿＿＿，以此为依据对潜在客户的判断方法，称为＿＿＿＿＿法则。

3．在潜在客户寻找方法中，中心人物法遵循的是“＿＿＿＿＿＿＿＿＿＿”。

4．营销人员雇佣他人寻找潜在客户的方法称为＿＿＿＿＿法，也称“＿＿＿＿＿”。

二、选择题

1．客户资格鉴定的目的在于发现真正的推销对象，根据“MAN”法则，下列选项中属于准客户的是（　　）。

A．M+A+N　　　　B．M+A+N

C．m+A+N　　　　D．m+a+n

2．客户资格鉴定的目的在于发现真正的推销对象，根据“MAN”法则，下列选项中不属于潜在客户的是（　　）。

A．M+a+N　　　　B．m+A+N

C．m+a+N　　　　D．m+a+n

3．下列寻找客户的方法中，被称为黄金客户寻找法的是（　　）。

A．普遍访问法　　　　B．中心人物法

C．分子裂变法　　　　D．猎犬法

4．下列选项中属于分子裂变法特殊形式的是（　　）。

A．链式引荐法　　　　B．中心人物法

C．观察法　　　　D．猎犬法

5．下列选项中（　　）不属于中心人物法的运用形式。

A．彭于晏代言沃尔沃汽车

B．吉利汽车公司捐赠 30 辆新远景 SUV，助力韩红“百人援陕”公益行

C．2020 年 1 月，吉利汽车集团捐赠 2 亿元，驰援武汉新型冠状病毒抗疫

D．雇佣汽车修理站工作人员介绍换购客户

6．在寻找潜在客户的方法中，（　　）是最原始且最基本的方法，是绝大部分营销人员

在许多情况下都会使用的方法。

A．普遍访问法　　B．中心人物法

C．个人观察法　　D．广告寻找法

三、判断题

1．客户对销售人员及企业印象的评价反映客户的购买欲望。（　）

2．当潜在客户表现出对汽车无需求时，营销人员应对客户进行需求启发、引导、影响、培育与发掘，从帮助客户解决问题的角度出发，去创造客户需求。（　）

3．根据消费习惯无法判断某一群体的购买能力。（　）

4．在评估潜在客户的购买需求方面，能否准确了解购买力是推销成功与否的关键。（　）

5．客户资格鉴定的目的在于发现真正的推销对象，避免推销时间的浪费，提高整个推销的工作效率。（　）

6．客户的需求表现并不都是明确的、外在的，但客户对自己的内在需求都能认识到。（　）

7．对新营销人员来说，利用网络寻找客户是最好的选择。（　）

8．在评估潜在客户的购买决策权方面，能否准确了解真正的购买决策人是推销成功与否的关键。（　）

四、简答题

1．一般来说，从哪几个方面来观察、判断潜在客户的需求？

2．客户开发有哪些步骤？

3．客户开发的策略有哪些？

课题二　客 户 沟 通

一、填空题

1．信心来自于心理，只有做到“__________、__________、__________”三个相信，才可能树立强大的自信心理。

2．要结束电话交谈时，一般应当由____________的一方提出。

3．营销人员在接待客户时的三件宝是指________、________和________。

4．提问时要尽可能站在对方的立场，尽量提出______________问题，要适时提出___________问题和___________问题。

5．非语言沟通主要包括____________和______________。

6．语言沟通是指以词语符号为载体实现的沟通，主要包括__________、__________和__________等。

7．良好的语言表达能力主要体现在__________、__________及__________等方面。

8．培养敏锐的观察力，要有高度的__________，要有敏锐的__________，还要有__________与__________能力，能从错综复杂的活动中发现彼此之间的联系。

9．沟通的基本技巧主要有__________、__________、__________和制约技巧。

10．制约的关键体现在准确推测出客户的__________以及谈话的__________。

二、选择题

1．下列选项中不属于非语言沟通方式的是（　　）。

A．书面语言　　B．肢体语言
C．多媒体　　D．产品展示

2．下列选项中不属于语言表达中禁忌的是（　　）。

A．使用随意、套近乎的称呼　　B．在交谈中随意变更对方的称呼
C．“您这么说就不对了”　　D．“您说的有道理，但我觉得……”

3．下列选项中不属于非语言沟通手段的是（　　）。

A．面部表情丰富　　B．手势自然放松
C．在纸上演算列举　　D．衣着得体

4．通常，电话铃响（　　）声之内必须接听电话。

A．1　　B．2　　C．3　　D．4

5．拜访应按预约时间准时到达，最好提前（　　）min 到达，并做好进门前的准备。

A．3 ~ 5　　B．5 ~ 7
C．7 ~ 10　　D．10 ~ 15

6．销售顾问在介绍车辆的时候，如果想确定客户信息，可以使用（　　）。

A．开放式提问　　B．封闭式提问
C．特定性提问　　D．引导性提问

7．销售顾问在介绍车辆的时候，如果想获得客户大量信息，可以使用（　　）。

A．开放式提问　　B．封闭式提问
C．特定性提问　　D．引导性提问

三、判断题

1．接打客户电话时，该做什么继续做什么，反正客户看不见，只要不影响通话内容就可以。（　　）

2．电话来时若正与客户交谈，可直接挂断电话，继续接待客户。（　　）

3．接电话时，若有客户进店，销售顾问应立即对通电话对象表示歉意，挂断电话，同时起立迎接进店客户。（　　）

4．拜访客户时，有时可以根据情况夸张或编造一些情况。（　　）

5．在沟通过程中，非语言沟通方式常常是伴随语言沟通的，两者相辅相成，共同推进

沟通效果。 (　　)

6．沟通中的迎合技巧是指在承接对方话语的语意中，掺和点无伤大雅的假话，以赢得对方的信任。 (　　)

7．沟通中的制约技巧强调的是先一步控制客户的思维方向，控制客户对话语的体会，以及可能对客户产生的各种心理影响，提前限制住自己不希望的发展方向。 (　　)

四、简答题

1．简述拜访的十分钟法则。

2．简述沟通的基本原则。

3．汽车销售顾问应具备哪些基本的沟通能力？

4．在沟通的基本技巧中，主导对话时有哪些技巧？

课题三　异 议 处 理

一、填空题

1．客户的____________是客户异议的来源。

2．______________是交易的信号。

3．只有区分出客户异议的____________，才能做有针对性的工作，处理和解决客户异议。

4．客户的异议具有____________，它既是交易的障碍，同时又是很好的交易机会。

5．客户需求异议处理技巧包括投其所好、__________________、_________________和________________。

6．假如客户不愿意降低需求欲望，或即使降低了需求欲望仍然解决不了客户的购买财力问题，只要客户有稳定的收入保证，在这种情况下建议客户采取______________的方式。

二、选择题

1. 有时客户会说“对不起，这个我说了不算”“等我爱人来了再商量一下”等。下列选项中对此分析不合理的是（　　）。

A．这说明客户的决策权不足　　B．这是一种其他异议的借口

C．客户暂时拿不定主意　　D．客户不想被营销人员忽悠

2. 客户有时为了达成解决隐藏异议而提出各种真实异议或虚假异议。下列选项中最可能属于隐藏异议的是（　　）。

A．希望降价　　B．油耗高

C．颜色不喜欢　　D．内饰太差

3. 客户提出“你们公司车型太少，没什么选择余地”的异议，销售顾问可采用（　　）处理。

A．直接反驳法　　B．转折处理法

C．询问法　　D．沉默法

4. 客户提出“这款车耗油量太高了”的异议，销售顾问可采用（　　）处理。

A．劣势转换法　　B．转折处理法

C．直接反驳法　　D．延缓处理法

5. 当客户问“这款车什么价”时，销售顾问可采用（　　）处理。

A．转折处理法　　B．直接反驳法

C．询问法　　D．延缓处理法

6. 下列选项中不符合正确对待客户异议的选项是（　　）。

A．把客户异议看成是正常的现象

B．把客户异议看成是推销的机会

C．把客户异议看成是不买的表现

D．把客户异议看成是交易的信号

7.（　　）是客户异议处理的基本原则。

A．客户受益原则　　B．尊重客户异议

C．维护客户自尊　　D．不争辩原则

8. 销售人员解决与客户之间的问题，依据的是（　　）。

A．企业的市场地位

B．产品的质量

C．服务的内容丰富

D．对客户的尊重、理解和认可

三、判断题

1. 不提任何异议的客户往往是没有购买欲望的客户。（　　）

2. 推销是从客户拒绝开始的。（　　）

3. 当客户某些异议无法处理或不能及时处理时，销售顾问应设法回避，切换话题。（　　）

4. 在客户异议处理过程中，有时为了维护企业形象及利益，也可以不用过多顾及客户面子或自尊。（　）

5. 在遇到价格障碍时，销售顾问根据具体情况，应主动让步，许以折扣或优惠，或提供赠品。（　）

6. 客户的财力有限，应帮助客户认清自己的需求情况和经济条件，适当降低需求欲望，使其与自身的支付能力相符，帮助客户树立正确的消费观念。（　）

四、简答题

1. 从客户方面分析，客户异议的成因有哪些?

2. 客户异议有哪些类型?

3．客户异议处理的原则有哪些？

4．简述客户异议处理的过程。

5．价格异议处理有哪些技巧？

课题四　缔 结 成 交

一、填空题

1．成交是一个信息____________的过程，以客户做出最终____________为实现依据。

2．成交信号是一种__________暗示。

3．行为信号是指客户在购车体验及商谈中的__________和__________表现。

4．销售顾问对客户不但要听____________，还要观____________。

5．成交信号是指客户在__________、__________、__________等方面所表露出来的打算购买产品的一切暗示或提示。

6．对于已经发出购买信号但仍在犹豫的客户，可以采用________成交法。

7．总结利益法即销售顾问在推销洽谈中记住客户关注的主要________、________和利益。

二、选择题

1．下列客户的表现属于进程信号的是（　　）。

A．“我们最快要多长时间可以提到车”

B．主动翻阅介绍材料

C．态度由戒备、敌意转为友好

D．“这是我的太太”

2. 要考虑客户的特点是缔结成交的基本要求。下列选项中关于不同客户的不同特点，分析不合理的是（　　）。

A. 男性客户比女性客户的购买决策速度快

B. 买高档车的客户比买中低档车的客户购买速度慢

C. 购买新下线、刚投入市场的汽车的客户购车速度相对快

D. 自己做生意的客户比公务员客户的成交决策速度要快一些

3. 下列选项中不适用于请求成交法的客户是（　　）。

A. 新客户　　　　B. 老用户

C. 熟悉的客户　　　　D. 关系融洽的客户

4. 从下列对话信息判断，该成交方法属于（　　）。

销售顾问：王先生，现在没有什么问题了吧？您希望什么时候能提到车呢？

客户：两个星期之内吧。

A. 请求成交法　　　　B. 假定成交法

C. 诱导成交法　　　　D. 配角赞同法

5. 某汽车销售公司采用“试乘试驾”“免费使用若干年”“户外活动”等销售活动来吸引客户，该案例属于（　　）的运用。

A. 诱导成交法　　　　B. 机会成交法

C. 体验成交法　　　　D. 富兰克林成交法

6. “您甭犹豫了，这款车卖得很火，往后估计要提前预订了，您看那边几位客户，他们刚才来看车，都看中了这款车。”这位销售顾问运用的是（　　）。

A. 请求成交法　　　　B. 诱导成交法

C. 从众成交法　　　　D. 优惠成交法

7. 运用选择成交法时，在向客户提供选择方案时，最合理的选择方案数量是（　　）。

A. 一项　　　　B. 二项

C. 三项　　　　D. 越多越好

8. （　　）与机会成交法结合起来运用，更能增强对潜在客户的刺激，诱导性更强烈。

A. 诱导成交法　　　　B. 体验成交法

C. 优惠成交法　　　　D. 总结利益法

三、判断题

1. 一般而言，每个重大异议得到处理都是成交的最好时机。（　　）

2. 对于已经发出购买信号但仍在犹豫的客户，可以采用诱导成交法。（　　）

3. 选择成交法的要点在于使客户回避“要”还是“不要”的问题，堵住客户说出“不”字。（　　）

4. 成交时机可能会出现在推销活动的任何一个阶段。（　　）

5. 假定成交法特别适用于对老客户的推销。（　　）

6. 总结利益法适用于直来直去的客户和有特殊个性的客户。（　　）

四、简答题

1. 什么是成交信号？成交信号包括哪几种？试举例说明。

2. 成交心理障碍有哪几种表现形式？

3. 缔结成交有哪些基本要求？

4. 简述富兰克林成交法。

模块三　汽车传统营销模式

课题一　汽车展会营销

一、填空题

1．展会是为了展示产品和技术、拓展__________、促进________、传播________而进行的一种宣传活动。

2．按照目前的国际惯例，被公认的国际车展为“五大”，即____________、法国巴黎车展、________________、________________和日本东京车展。

3．在展位选择策略中，共享资源型策略有____________和____________两种方式。

4．与传统的展厅（如4S店）采用的线性流程开展销售活动不同的是，新时期车展以“____________、____________、有力报价、____________”的非线性流程开展销售活动。

5．在展位选择策略中，合作伙伴型策略包括________抱团、________抱团、同档次抱团、________抱团四种形式。

6．车展中的营销法则主要包括取得____________、瞄准______________、价值大于价格、______________等。

二、选择题

1．2016年北京车展，丰田与奥迪选择在同一场馆。在展出车型中，丰田有皇冠、汉兰达、普拉多，奥迪有A6L、Q5、Q7；同馆的还有丰田的混合动力车型与特斯拉的MODEL3等车型。从展位选择策略上来讲，这属于（　　）。

A．直面竞争型策略　　B．共享资源型策略

C．同档次抱团策略　　D．溜边策略

2．某小品牌车企在预算有限的情况下，采取了一种紧挨着行业巨头旁边布置展位的策略，以分享它们的客户资源。从展位选择策略上来讲，这属于（　　）。

A．环绕策略　　B．溜边策略

C．同车系策略　　D．同档次策略

3．在某次国际车展上，保时捷、奥迪、布加迪、宾利、斯柯达等汽车品牌同在一个展位参展。从展位选择策略上来讲，这属于（　　）。

A．环绕策略　　B．同车系策略

C．同集团策略　　D．同档次策略

4．某车展上，有类客户与营销人员交流时基本上都是围绕价格展开，对产品讲解兴趣

不大，这类客户属于（　　）。

A．媒体工作者　　　　B．车迷

C．真正的购车客户　　　　D．近期已购新车用户

5．下列选项中不属于意向客户典型特征的是（　　）。

A．关注概念车、新产品和新技术，与营销人员交流内容广泛

B．对购车细节特别感兴趣，询问保险、贷款、保养等问题

C．进场后直奔某款车型，长时间驻足停留

D．长时间认真倾听营销人员的讲解，但与营销人员交流得并不多

三、判断题

1．北京车展与上海车展属于 B 级车展。（　　）

2．C 级车展一般为省会城市的汽车博览会，举办频率一般为一年一届。（　　）

3．如果客户直接与营销人员讨论竞争产品与本品牌之间的区别，这类客户往往不属于意向客户。（　　）

4．对 H 级客户（购车欲望强烈）要活用短信、微信、QQ、电话、试驾等不同的营销方式。（　　）

5．已付订金的客户最终一定会购买，不用担心。（　　）

四、简答题

1．什么是合作伙伴型策略？合作伙伴型策略包括哪些形式？

2. 简述意向客户的典型特征。

3. 展会后如何做好客户分类管理?

4．展会后的客户分为哪些类别？分别如何进行跟进管理？

课题二　汽车异业联盟营销

一、填空题

1．异业联盟是一个相对紧密、____________、____________的联盟。

2．异业联盟营销是指产业间并非上下游的____________的商业主体，而是基于双方共同行销、互惠目的的________________关系。

3．在移动互联时代，结合 O2O 模式，异业联盟在解决单一品牌面临的__________单一、__________有限、____________销售和营销成本居高等问题方面将发挥更大作用。

4．联盟主体差异性是指联盟合作者必须为具有__________差异性的主体，或是同一行业__________差异化的主体。

5．组织型合纵异业联盟具有较强的__________、____________和整合优势。

6．联盟主体具有________性和________性。

7．异业联盟合作类型主要分为____________和__________两种。其中，合纵型异业联盟可分为____________异业联盟和____________异业联盟。

二、选择题

1．异业联盟营销是一种创新的商业营销模式，其实质是一种（　　）。

A．跨界营销　　B．概念营销

C．品牌营销　　D．强强营销

2. 在选择联盟成员时，还要明确成员的具体要求。下列选项中不符合成员具体要求的是（　　）。

A. 品牌　　B. 口碑

C. 销售率　　D. 排他性

3. 下列选项中不符合组织型合纵联盟建立条件的是（　　）。

A. 发起方在当地市场具有一定的行业影响力和公共资源掌控能力

B. 当地汽车市场发展较为成熟，市场潜力较大

C. 当地汽车市场竞争不激烈，未形成一家独大的格局

D. 组织管理成员具有较高的威信和统筹协调能力

4. 异业联盟建立的基本落脚点是（　　）。

A. 品牌的排他性　　B. 品牌的对称性

C. 品牌的竞争力　　D. 品牌的兼容性

5. 下列选项中不符合随机型合纵异业联盟适用的经销商特点的是（　　）。

A. 不具备一定的公共资源

B. 行业影响力不足

C. 市场条件不成熟

D. 在当地有较高的知名度

6.（　　）即商家与其他异业组织间的联盟、组织与组织之间的联盟。

A. 组织型合纵异业联盟　　B. 随机型合纵异业联盟

C. 连横式异业联盟　　D. 合作式异业联盟

7.（　　）是有效实施异业联盟策略的前提，也是整个结盟能否成功的关键一步。

A. 确定目标市场　　B. 确定目标消费者

C. 确定品牌定位　　D. 确定品牌差异化

8. 对联盟内各成员，进行统一的监督管理及实施惩罚制度的是（　　）。

A. 组织型合纵异业联盟　　B. 随机型合纵异业联盟

C. 连横式异业联盟　　D. 合作式异业联盟

三、判断题

1. 异业联盟的各商业主体之间是绝对独立，不存在利益冲突的联盟。（　　）

2. 一般来说，两个品牌间的异业联盟，通常是其中一方搭载名气更大的另一方企业的顺风车，借着品牌叠加后的增值效应来换取更有利的收益。（　　）

3. 连横式异业联盟合作的要点在于，通过组织架构、规章制度、运作机制、利益互绑等要素，将联盟内每个商家紧密联系在一起。（　　）

4. 随机型合纵异业联盟组织没有管理方，也无其他独立机构，联盟间的活动都是建立在口头协议基础之上的。（　　）

5. 异业联盟跟客户发生关系越紧密，客户的忠诚度就越高。（　　）

6. 连横式异业联盟合作对象，须在其行业内具有一定规模和市场占有率，原则上各行业只能选择一家合作。（　　）

四、简答题

1．异业联盟营销有哪些特点？

2．简述异业联盟营销的意义。

3．如何选择异业联盟成员？

4. 简述异业联盟的营销策略。

课题三　汽车大客户营销

一、填空题

1. 大客户又被称为____________、主要客户、关键客户或____________等。大客户有两个方面的含义，其一指____________广，其二指____________大。

2. 企业必须要高度重视__________客户以及具有高价值__________的客户。

3. 在大客户营销战略中的大客户是指公司所辖地域内使用__________大或__________特殊的客户，主要包括经济大客户、重要客户、__________与__________等。

4. 美国的韦伯斯特和温德将影响大客户购买行为的各种因素概括为 4 个主要因素，即________因素、________因素、________因素和________因素。

5. 汽车大客户营销策略主要包括____________、____________和____________。

二、选择题

1. 下列选项中属于战略客户的是（　　）。
   A. 产品使用量大、使用频率高的客户
   B. 满足党政军、公检法、文教卫生、新闻等国家重要部门的客户
   C. 与本企业在产业链或价值链中具有密切联系，使用本企业产品的客户
   D. 经市场调查、预测、分析，具有发展潜力，会成为竞争对手突破对象的客户

2. 下列选项中不属于大客户开发最基础的三个维度的是（　　）。
   A. 宽度　　　　B. 强度
   C. 高度　　　　D. 深度

3. 汽车大客户营销的主要手段是（　　）。
   A. 关系营销　　　　B. 战略营销

C．品牌营销　　　　　　　　　　　D．规模营销

4．在影响生产者购买行为的诸多因素中，（　　）是最主要的。

A．经济环境　　　　　　　　　　　B．人际环境

C．组织因素　　　　　　　　　　　D．个人因素

5．通过系统来分析现有客户，将客户划分出不同级别，并最终确定大客户营销策略。下列选项中属于对 C 级客户策略的是（　　）。

A．需要投资，予以重视　　　　　　B．选择性投入

C．放弃投入　　　　　　　　　　　D．给予特别的待遇

三、判断题

1．不同的客户对企业的利润贡献差异很大，20% 的大客户贡献了企业 80% 的利润。（　　）

2．政府企事业单位不能划分为车企重要的大客户之列。（　　）

3．汽车大客户由于一次性购买的数量较大，对于提高品牌的市场占有率和扩大品牌的影响力有相当大的帮助，所以受到厂家和销售商的欢迎。（　　）

4．由于大客户的价值相对比较大，需要一对一地进行客户管理与营销战略实施。（　　）

5．决策者的性格、兴趣、爱好及其家庭情况等不属于大客户信息分析的内容。（　　）

6．资源整合属于大客户开发的宽度维度。（　　）

7．客户组织内的最高决策者对项目的成败有着决定性的影响，但不是关键性因素。（　　）

四、简答题

1．大客户可分为哪几大类？试详细说明。

2．简述大客户的营销特点。

3．简要分析大客户购买决策的影响因素。

4．简述汽车大客户的营销策略。

模块四　汽车互联网营销模式

课题一　汽车网站营销

一、填空题

1．汽车网站根据受众的不同，可分为____________网站、门户网站汽车频道、__________汽车网站和汽车企业及机构网站等。

2．网站营销也称网络营销、网络直复营销，属于_________的一种形式，是企业以__________为基础，以__________为媒介和手段而进行的各种营销活动的总称。

3．直复营销的“直”是指不通过__________而直接通过_____连接企业和消费者；直复营销中的“复”是指企业与客户之间的_________。

4．门户网站是指通向某类综合性互联网信息资源并提供有关信息服务的_________。

5．论坛即BBS，其中文意思是“_______________________”，是一种以网络为媒介的________平台，是交互性强、内容丰富而及时的互联网_________系统。

6．搜索引擎排名推广（SEO）最常用的方法是增加内、外部链接，优化网页________和网文的________，尽量不用图片作为频道链接，并且应经常保持网站内容的更新。

二、选择题

1．下列选项中不属于大型门户网站的是（　　）。

A．汽车世界　　B．搜狐汽车

C．腾讯汽车　　D．网易汽车

2．下列选项中不属于汽车垂直类网站的是（　　）。

A．汽车之家　　B．汽车之友

C．爱卡汽车　　D．新浪汽车

3．下列选项中不属于国内知名交易网站的是（　　）。

A．阿里巴巴　　B．58同城

C．淘宝　　D．京东

4．汽车网站核心用户特征主要表现为（　　）。

A．经济特征　　B．人口学特征

C．地域特征　　D．职业特征

5．12306网站属于（　　）。

A．门户网站　　B．功能性网站

C．分类信息网站　　D．交易类网站

6.（　　）是网站流量来源的根本，也是一种常用的网站推广手段。

A．点击率　　B．网站内容

C．软文　　D．友情链接

三、判断题

1．与门户类网站不同的是，汽车垂直网站的信息更加详细，能给用户在购车的过程中提供更多的详细信息。（　　）

2．垂直网站的业务包罗万象，被称为网络世界的“百货商场”或“网络超市”。（　　）

3．门户网站也被称为定制性网站，它区别于一般只有文章、图片及视频类内容的网站，更偏向于应用逻辑的处理，定制性强，以实现某一种或者几种功能为主要服务内容。（　　）

4．博客推广的优势是博文一般不会被删除。（　　）

5．汽车之家和网易汽车都是一个以规模取胜的主流汽车垂直网站，有较高的营销价值。（　　）

6．原创文章是“二手车之家”的亮点之一，其互动平台提供了车友、车迷和厂商间的平等沟通空间。（　　）

7．中国汽车网不同于主流汽车垂直资讯网站，它是以论坛为主的汽车网站。（　　）

8．软文是带有某种动机的文体，其实质是企业软性渗透的商业策略在广告形式上的实现。（　　）

9．以线上线下相结合、新型传媒与传统传媒相结合进行全方位推广的形式是目前最有效的推广形式。（　　）

10．所有品牌的汽车制造商都有自己的官网。（　　）

四、简答题

1．什么是汽车垂直网站？汽车垂直网站分为哪几类？有何意义？

2. 网站营销线上采用的平台和推广方式有哪些？

3. 汽车网站营销策略有哪些？试举例说明。

课题二 汽车电子商城营销

一、填空题

1. 汽车电子商城以__________为基础，以客户的__________为核心，通过__________、__________、__________等手段，打造全渠道、社会化的汽车集成服务平台，实现新车销售、二手置换、汽车用品、汽车服务、汽车金融、汽车周边服务以及汽车社区等业务，是B2B2C+O2O模式的综合汽车电商平台。

2. 在2015年的政府工作报告中，李克强总理首次提出“制定‘__________’行动计划，推动移动互联网、__________、__________、__________等与现代制造业结合，促进__________、工业互联网和____________健康发展，引导互联网企业拓展国际市场”。

3. B2C 是“Business-to-Customer”的缩写，中文简称为“__________”，即企业通过互联网为消费者提供一个新型的购物环境——____________，消费者通过网络进行______________、____________等消费行为。

4. O2O 即 Online to Offline，是一种_________与_________结合的营销模式，线上销售，线下服务，解决了线下推广的不可预测性。

5. 对于消费者而言，O2O 是互联网下对__________、__________购物习惯的满足；对于商家而言，O2O 是对_________、_______及_______的多终端全渠道覆盖。

6. 传统的B2C 电子商务模式是“____________+____________”模式，消费者待在办公室或家里等货上门，涉及的是_________；而 O2O 是“__________+__________”模式，涉及的是客流。

二、选择题

1.（　　）模式可以提升汽车大宗商品的流动性，降低流动成本；相对规模化运输来说，其在物流成本上更低。

A. B2B　　B. B2C

C. C2B　　D. O2O

2.（　　）模式是我国最早产生的电子商务模式，以 8848 网上商城正式运营为标志。

A. B2B　　B. B2C

C. C2B　　D. O2O

3.（　　）模式是网络营销盈利最传统的方法，也是最有效的方法。

A. 咨询服务　　B. 产品销售

C. 广告盈利　　D. 中间差价

4. 以下选项中不属于消费者对在电商平台购车的顾虑的是（　　）。

A. 网购与实物不符　　B. 试乘试驾骗局

C. 支付安全　　D. 维权困难

5. 汽车电商的模式首先是由（　　）倡导开启的。

A. 8848 网上商城　　B. 淘宝商城

C. 京东商城　　D. 天猫商城

三、判断题

1. 电子商城也称为网上商城。（　　）

2. 数字平台会越来越多地影响汽车销售途径，经销商的地位指日可待。（　　）

3. 目前的汽车电商大体分为 B2C 和 O2O 两种模式。（　　）

4. B2B 是指企业与企业之间通过专用网络或 Internet 进行数据信息的交换、传递，开展交易活动的商业模式。（　　）

5. B2C 是 O2O 的一种特殊形式。（　　）

6. 完全脱离线下经销商的汽车销售模式还不具备实施的现实条件，在未来也很难实现。（　　）

7. 随着信息技术的深度介入，汽车企业的商业模式将向基于数据、平台的网络化服务转型。（　　）

8. 汽车电商 O2O 模式包含五个环节，即用户在线预订、支付订金、厂商组织生产、物流发车，最后用户在 4S 店完成付款及提车。（　　）

9. 汽车电商可以不依存现有的服务体系，从某种程度上更像是销售线索的转移。（　　）

四、简答题

1. 汽车电商 B2C 营销模式有哪些优势及缺陷？有哪几种盈利模式？

2. 现阶段存在哪些困扰汽车经销商的问题？

3．在汽车前市场上，O2O 平台主要分为哪几类？

4．简述汽车电商的发展趋势。

课题三　汽车微博营销

一、填空题

1. 微博即微博客（MicroBlog）的简称，是一种通过__________机制分享__________信息的广播式________网络平台。

2. 微博作为一种分享和交流平台，更注重__________和__________，其最大的特点就是__________和__________。

3. 充分利用微博的“__________”属性，做好“__________营销”即是微博营销的王道。

4. 由于微博具有传播速度快和覆盖广的特点，其内容多为行业热点新闻、__________以及__________等。

5. 微博可以通过大数据对消费者进行________洞察、__________洞察和________洞察，为汽车客户解决精准广告、人群创意、场景、整合等营销方案。

6. 车企微博营销的基本原则包括构建__________、实现__________。

7. 汽车企业利用微博进行营销可划分为__________、__________和__________三个基本阶段。

8. 初级阶段的人气汇聚完成后，车企进入到对微博的日常维护当中，这一阶段的关键是进行__________和__________相结合的信息传播。

9. 车企微博营销的形式主要包括__________、__________、销售微应用和__________。

二、选择题

1. 微博是植入式广告的最好载体之一，以下选项中（　　）不是微博营销广告植入的形式。

A．趣味话题　　B．图片
C．视频　　D．友情链接

2. 用微博做营销，重点在于（　　）。

A．博主　　B．粉丝
C．游客　　D．厂商

3. 车企微博营销的爆发期采取的手段主要是（　　）。

A．事件营销　　B．活动营销
C．情感营销　　D．娱乐营销

4. Twitter（推特）消息一般不超过（　　）个字符。

A．120　　B．140
C．160　　D．240

5．微博具备传统传播渠道和平台没有的（　　）属性。

A．娱乐　　B．社交

C．商业　　D．广告

三、判断题

1．微博是重要事件最好的新闻发布现场。（　　）

2．Twitter（推特）与微博在本质上有较大区别。（　　）

3．与其他营销模式相比，微博对话题没有限制性。（　　）

4．微博用户反馈的方式一般表现为评论、转发、点赞，其中，评论是二次传播，扩大了微博营销的影响力。（　　）

5．微博是即时性的社交工具，也就是说它的营销是长期的，不讲时效性。（　　）

6．作为一个社交媒体平台，微博不仅包含用户的讨论，而且拥有完整的用户信息和社交行为数据。（　　）

四、简答题

1．微博营销主要有哪些特点？

2．微博营销的策略有哪些？

3. 汽车微博营销的主要特点有哪些？

4. 举例说明车企微博的主体形式。

课题四 汽车微信营销

一、填空题

1. 微信通过__________、开放平台、__________、表情平台、智能平台和__________六大平台搭建包括社交、娱乐、资讯、电商、金融、生活服务等一系列生态体系。

2. 微信营销是指基于微信进行的营销，包括销售、___________维护、___________塑造和客户服务等一系列营销形式。

3. 微信具备强大的________属性和________属性，具有高________、高________和高________的特点，这增强了微信营销方式的便利性和可传播性。

4. 通路打通主要实现___________、___________、_________________三大环节的打通，这三个维度实现了__________、__________、________之间全覆盖和三者之间“强关系”的建设。

5. “人与车”的关系，主要侧重于产品层面的________和_________。

6. 车企应从________、________、__________、微会员卡和__________这五大模块完美解决营销中所面临的各种难题。

7. ___________和___________介绍是目前企业应用最为频繁的内容。

8. 微信在支付、O2O、游戏、互动等方面有巨大的想象空间，这已经让汽车厂商之间的营销战争从________转移到________，从产品本身转向___________与___________。

二、选择题

1. 微信是一个（　　）营销平台，微信好友之间就是其中的一种。

A．强关系　　B．弱关系

C．社交属性　　D．移动属性

2. 下列选项中不属于微信营销的展现形式的是（　　）。

A．展示类　　B．O2O

C．富媒体　　D．活动类

3. 企业公众号从一个企业发声渠道演变为一个丰富的综合渠道，下列选项中不属于这个综合渠道的内容的是（　　）。

A．企业产品销售　　B．企业品牌传播

C．消费者的维护　　D．移动电商运营

4. 一辆汽车产品在市场上是有一定生命周期的，一款全新汽车产品在上市前，往往有近一年的预热期。下列选项中的年限不符合汽车产品在市场上的生命周期范围的是（　　）年。

A．3　　B．4

C．5　　D．6

5. “人与服务”是通路打通的重要环节之一，“人与服务”关系中的“人”主要指的是（　　）。

A．消费者　　B．潜在用户

C．既有用户　　D．企业

三、判断题

1. 在移动社交的场景下，公众号的结束不会止于分享，而是沉淀或者转化于品牌重度分销者。（　　）

2. 主机厂和消费者之间只是传统的“生产和消费”的关系。（　　）

3. 微信营销越来越是体验式的，这种体验由线上的“面”空间越来越向线下的“立体”

空间扩展。 (　　)

4．向消费者提供实用的信息是未来对微信营销的需求。 (　　)

5．微信广告的投放不会直接影响微信使用的满意度。 (　　)

6．微信时代必须把品牌、产品的官方微信账号的粉丝看作对代理商考核的关键绩效指标（KPI）。 (　　)

7．基于新车消费过程和车辆使用过程中产生的所有“口碑”，在微信朋友圈这个“信任”杠杆的作用下，口碑营销效果会成倍增长。 (　　)

8．将官方信息用更有趣的方式直接传递到那些潜在的用户人群，这不符合车企微信官方账号的严肃性。 (　　)

9．售后服务的关键在于企业与用户之间的沟通。 (　　)

四、简答题

1．简述汽车微信营销的意义。

2. 简述汽车微信营销的技巧与方法。

课题五 汽车APP营销

一、填空题

1. APP是英文Application的简称，是指智能手机的第三方应用程序，统称“__________”，也称“__________”。

2. 车企品牌定制APP价值实现的基础，得益于APP的________、________和互动价值。

3. APP营销模式主要包括__________模式、用户营销模式、__________模式和________模式。

4. 根据不同的整合技术，汽车APP可归类成汽车________型、________型和________型三个类别。

5. APP营销与传统媒体营销的一大区别在于变“被动接收”为“________”，其传播对象不再称为“诉求对象”，而是“________”。

6. 在论坛推广中，APP以帖子的形式被介绍，尽量不以______的形式出现，而要以________的方式，做成一个精华帖，长期出现在论坛首页前面，以获得最理想的效果。

二、选择题

1. APP凭借天然的精准性、位置化、长尾性、互动性以及高用户黏性，成为品牌“(　　)”的工具，敲开了品牌入驻移动营销的大门。

A．推广营销　　　　B．自营销

C．辅助营销　　　　D．他营销

2. “汽车报价大全APP”通过提供购车选择和组合方式来吸引客户，并向其推荐合适的品牌和车型。这种营销模式属于(　　)。

A．广告营销模式　　　　B．用户营销模式

C．移植营销模式　　　　D．内容营销模式

3. 下列选项中不属于汽车APP渠道推广中软推广的是(　　)。

A．数据库推广　　　　B．新闻软文推广

C．论坛推广　　　　D．微博推广

4. 下列选项中不属于汽车APP渠道推广中付费推广的是(　　)。

A．内置付费推广　　　　B．下载付费推广

C．按量付费推广　　　　D．广告联盟付费推广

5. 相对而言，(　　)推广方式价格较低，规模较大，是硬推广方式的首选。

A．APP安装平台　　　　B．手机厂商合作捆绑

C．刷榜　　　　D．论坛

三、判断题

1. 相比于用户营销模式，植入广告模式具有软性广告效应，客户可以在满足自己需要的同时获取品牌信息和商品资讯。 (   )

2. 用户营销模式的营销效果取决于 APP 投资额的大小。 (   )

3. 同一个 APP 产品应给予不同的受众以不同的感受与满足感。 (   )

4. 传递个性化、有价值的品牌信息是 APP 营销成功的关键，APP 设计在贴合自身品牌定位的同时，应注意努力弱化商业元素，巧妙植入品牌信息。 (   )

5. 时间碎片化的特点要求 APP 的功能要更突出，操作要更简单、容易，界面要更丰富、有特点。 (   )

6. 目前，APP 应用推广的渠道可以分为第三方应用商店、手机终端和 mid 内置、传统互联网网盟渠道、跨平台交叉推广、广告推广和线下推广六种。 (   )

7. 未来汽车 APP 营销只要通过不断创新与完善，其功能性与互动性绝对能与传统营销平起平坐，但不可能超越传统汽车营销的效果。 (   )

四、简答题

1. 简述 APP 营销的特点。

2. 为什么说 APP 营销是汽车营销新时代的标志？

3. 简述汽车 APP 营销的策略。

4. 简述汽车 APP 渠道推广方法。

5．简述汽车4S店APP营销的价值。

模块五　二手车交易

课题一　二手车市场

一、填空题

1. 二手车英文译为“used car”，意为“________________”，在国内也被称为“____________”，在日本叫“________”，在美国将二手车定义为“曾经被拥有过的车”。

2.《旧机动车交易管理办法》中规定，旧机动车是指办理了机动车____________手续，距报废标准规定年限一年以上的汽车或________________及________________。

3. 二手车交易市场是指依法设立、为买卖双方提供二手车集中交易和相关服务的场所，它具有________________和______________的双重属性。

4. 旧车拍卖的操作方式多是以B2C的______________形式为主。近两年，随着国外成熟销售模式的引进以及网络的普及，以C2C为基础的____________拍卖模式开始盛行，这种方式的最大特点就是价格透明、操作安全，但流拍的可能性还是很大的，成交率不高。

5. 我国的二手车市场，起初都是由私人自发式经营的__________形式，二手车交易以车贩子__________为主要经营方式，基本没有正规的二手车经销商。

6. 目前，我国二手车市场主要分为______________、______________以及______________这三类渠道，这三类渠道在二手车市场中的份额分别为3%、82%和15%。

二、选择题

1. 正常来说，一辆新车一年后会贬值（　　）。

　A．10%　　　　B．20%

　C．30%　　　　D．50%

2.（　　）年，国家发布了《旧机动车交易管理办法》，建立旧机动车交易中心，由此，我国的二手车市场才正式进入历史的舞台，踏上了发展之路。

　A．1992　　　　B．1995

　C．1998　　　　D．2000

3.（　　）年，由商务部、公安部等主管部门联合发布了《二手车流通管理办法》。该办法的颁布代表我国二手车行业进入了全新时代，使之前由物资系统进行特殊行业管理的状态转变为市场化的态势。

　A．1998　　　　B．2000

　C．2003　　　　D．2005

4. 下列选项中不属于传统二手车交易渠道缺点的是（　　）。

A．车况不透明　　　　　　　　　　B．上牌困难

C．价格不透明　　　　　　　　　　D．车型需求匹配困难

5．（　　）年3月，国务院办公厅印发了《关于促进二手车便利交易的若干意见》，从税收政策、金融支持力度等八个方面为便利二手车市场交易做了具体的部署。

A．2002　　　　　　　　　　B．2005

C．2010　　　　　　　　　　D．2016

6．下列选项中不属于二手车网站售卖二手车的特点的是（　　）。

A．为车主提供免费的交易平台　　　　B．发布卖车信息简单

C．有免费的评估板块　　　　　　　　D．收取一定的中介费

7．在二手车的处理渠道中，售车价格最有保证的是（　　）。

A．二手车交易市场　　　　　　　　B．寄卖（中介）公司

C．二手车网站　　　　　　　　　　D．4S店以旧换新

三、判断题

1．价格越高的汽车，其折价率越低。（　　）

2．汽车经销商普遍存在汽车市场营销信誉危机。（　　）

3．到二手车市场进行交易，可以省略中间环节，得到更多的利益。（　　）

4．在二手车的处理渠道中，售车价格最吃亏的是二手车网站。（　　）

5．在设置信息共享平台的同时，建立起相对应的处罚机制，才是维护二手车市场稳定的有效手段。（　　）

6．独立二手车经销商是目前国内二手车的主要渠道，占据82%的市场份额。（　　）

7．已经停产的二手车没有任何交易意义。（　　）

8．建立二手车市场主体信用记录，纳入全国信用信息共享平台，并按照有关规定及时在企业信用信息公示系统以及“信用中国”网站予以公开，方便社会查询和应用。（　　）

四、简答题

1．《旧机动车交易管理办法》中规定，哪几类二手汽车属于禁止交易的情况？

2．二手车的处理渠道有哪些？

3．二手车有哪些特点？

4．影响二手车市场发展的因素有哪些？

5．国务院办公厅印发的《关于促进二手车便利交易的若干意见》对二手车市场有何推动作用？

课题二　二手车鉴定评估

一、填空题

1．二手车鉴定评估的要点有三个：手续及证照检查、__________和__________。

2．二手车鉴定评估的一个重要任务就是要鉴定、识别走私、________、________、________等非法车辆通过二手车市场重新流入社会。

3．按鉴定评估服务对象的不同，把鉴定评估业务类型分为_____________类业务和_____________类业务。

4．由于被评估对象的_____________和____________，要求评估机构在评估过程中加强________，克服________，而且由于汽车产品在不同的环节的价值属性比较复杂，决定了二手车评估的__________。

5．二手车价格评估中的价格依据有历史依据和现实依据，前者主要是二手车的___________和__________等资料，具有一定的客观性，但不能作为估价的直接依据；后者在评估价值时都以评估基准日为准，即以__________________和_______________等为准。

6．在二手车的评估过程中，必须依据评估的目的，选用合理的评估标准和评估方法，使评估结果准确合理。如拍卖、抵押等二手车评估适用__________标准计算，而一般的车辆交易评估宜选用__________标准或__________标准计算。

7．在二手车鉴定评估工作程序中，实地考察的目的是了解鉴定评估的___________、_____________和_______________等。

8．二手车技术状况的鉴定是二手车鉴定评估工作的基础与关键，其鉴定方法主要有_____________、____________和____________三种。

9．二手车静态检查主要包括______________和______________两部分。

10．识伪检查主要包括鉴别__________________、__________________、海关监管车辆和______________。

11．二手车技术等级评定以_____________检测为主，必要时需辅以___________检测。

12．为了简化计算，二手车的原值除了购置车辆的价格以外，只考虑车辆___________和__________，而将其他费用略去不计。

13．二手车的价格评估运用资产评估的理论和方法，是建立在一定的假设条件之上的。二手车价格评估的假设前提有____________________、____________________和____________________三种，上述三种不同假设形成了三种不同的评估结果。

14．我国资产评估中有四种价格计量标准，即__________标准、__________标准、收益现值标准和______________标准。二手车评估属于资产评估，因此，二手车估价也遵守这四种价格计量标准。

15. 车辆的有形损耗也称车辆的＿＿＿＿＿＿，它是由使用磨损和＿＿＿＿＿＿形成的。计量二手车实体有形损耗时主要根据＿＿＿＿＿＿＿进行分摊。

16. 二手车功能性贬值是由于＿＿＿＿＿＿＿＿引起的二手车功能相对落后而导致的贬值，这是一种无形的损耗。功能性贬值可分为＿＿＿＿＿＿＿功能贬值和＿＿＿＿＿＿功能贬值。

17. 二手车经济性贬值是指由于外部经济环境变化所造成的车辆贬值，这是一种＿＿＿＿＿＿的损耗。外部经济环境包括宏观经济政策、＿＿＿＿＿＿、＿＿＿＿＿＿和环境保护等。

18. 现行市价法是从卖者的角度来考虑被评估二手车的变现值，二手车评估价值的大小直接受＿＿＿＿＿＿的制约，因此，它特别适用于＿＿＿＿＿＿的畅销车型的评估。

19. 清算价格法适用于＿＿＿＿＿＿＿、＿＿＿＿＿和停业清理时要出售的车辆。在二手车评估中，影响清算价格的主要因素包括＿＿＿＿＿＿、债权人处置车辆的方式、车辆清理费用、＿＿＿＿＿、＿＿＿＿＿＿和参照车辆价格等。

二、选择题

1. 二手车鉴定评估实质上属于（　　）的范畴。

A. 技术鉴定　　B. 价值评估

C. 资产评估　　D. 业务咨询

2. 下列选项中不属于从事二手车鉴定评估人员熟知的政策法规的是（　　）。

A.《中华人民共和国拍卖法》

B.《中华人民共和国税收征收管理法》

C.《国有资产评估管理办法》

D.《二手车流通管理办法》

3.（　　）是鉴定评估人员应遵守的一项最基本的道德规范，这要求评估人员必须不偏不倚，处于中立的立场对车辆进行评估。

A. 公平性原则　　B. 独立性原则

C. 客观性原则　　D. 专业性原则

4. 下列选项中不属于外观检查的是（　　）。

A. 鉴别拼装车辆　　B. 车辆内部检查

C. 鉴别事故车辆　　D. 车辆外部检查

5. 下列关于收益现值法的应用前提和适用范围的说法中错误的是（　　）。

A. 被评估二手车必须是经营性车辆，且具有继续经营和获利的能力

B. 继续经营的预期收益可以预测，而且必须能够用货币金额来表示

C. 二手车购买者获得预期收益所承担的风险可以预测，并可以用货币衡量

D. 适用于产权转让的畅销车型的评估

6. 动态检查是指车辆路试检查，下列选项中不属于车辆路试检查项目的是（　　）。

A. 发动机运转情况检查　　B. 动态路试检查

C. 路试后的检查　　D. 车辆线路检查

7．下列选项中属于二手车技术状况评定等级中D级车的是（　　）。

A．被鉴定车辆的技术状况一般

B．被鉴定车辆的技术状况差

C．存在事故、泡水痕迹的车辆

D．有盗抢、改装嫌疑，无法进行交易的车辆

8．对车辆价格起决定作用的是（　　）。

A．行驶里程　　B．使用年限

C．车损程度　　D．车辆品牌

三、判断题

1．二手车鉴定评估工作具有极强的动态性和时效性。（　　）

2．汽车鉴定评估理论和方法以资产评估学为基础。（　　）

3．交易类二手车鉴定评估业务是服务于交易市场外部的非交易业务，如资产评估（涉及车辆部分）、抵押贷款估价和法院咨询等。（　　）

4．要求二手车鉴定评估从业人员能使用检测仪器和设备，并能通过目测、耳听、手摸等手段判断二手车外观、总体的基本状况，能够通过路试判断发动机、传动系、转向系、制动系、电路和油路等的工作情况，甚至对汽车主要部件功能和部件更换方法也要有一定的了解，但对从业人员会不会驾驶汽车没有硬性要求。（　　）

5．评估过程是以人的智力活动为中心开展的，评估质量的高低取决于评估人员掌握的信息、知识结构和经验。（　　）

6．二手车鉴定评估人员不一定具备职业资格证书也可以上岗从业。（　　）

7．在二手车鉴定评估中，目前一般不对被鉴定评估的汽车进行机动车安全技术检测，仅由评估人员进行静态和动态检查。（　　）

8．提取折旧后剩余的机械净值反映车辆的现有价值。（　　）

9．目前二手车市场都有自己的评估机构。（　　）

10．对个人消费者而言，二手车的净值是指汽车原始价值扣除因汽车使用而损耗的价值后的价值。（　　）

11．二手车报废清理时回收的那些材料、废料的价值称为残值，它体现二手车丧失使用价值以后的残体价值。（　　）

12．成新率是反映二手车新旧程度的指标。二手车成新率是表示二手车的功能或使用价值占全新机动车的功能或使用价值的比率，也可以理解为二手车的机动车全新状态与现时状态的比率。（　　）

13．简单地说，二手车重置成本就是以前取得该车的成本。（　　）

14．车辆的过户次数、权属资料的齐全度及车辆保险出险情况等都是直接影响车辆价格的因素。（　　）

15．重置成本法主要适用于不再使用前提下的二手车评估。（　　）

四、简答题

1．二手车鉴定评估的内容有哪些？

2．二手车鉴定评估具有哪些特征？

3．二手车鉴定评估有哪些基本原则？

4. 影响二手车价格的因素有哪些？

课题三　二手车交易过户

一、填空题

1. 如果买方是外地户口上当地牌照，还需准备____________。

2. 委托出售的车辆，卖方应提供____________________和____________。

3. 过户验车时，工作人员会对车辆进行验车、__________、________、照相，并填写“检查记录表”。

4. 二手车公平价格过户费主要按________、________进行收取。

5. 车辆过户中最重要的环节是__________和______________。

二、选择题

1. 二手车交易时，如果卖方是单位则需要提供（　　）的原件及复印件（带公章）。

A. 单位法人身份证　　B. 组织机构代码证书

C. 单位营业执照　　D. 单位代办人员身份证

2. 二手车过户时，如果是外地个人购车，需要提供其身份证及有效期至少为（　　）年的暂住证。

A. 1　　B. 2

C. 3　　D. 5

3. 在购买二手车的时候，要仔细查验有关单证，以正确判断车辆的真实身份。下列选项中有关单证不属于查验范围的是（　　）。

A. 车主驾照　　B. 车辆购置税费发票

C. 机动车行驶证　　D. 保险单

4．王某在购买二手车时查验了该车的保险单及理赔记录，发现该车发生过几次理赔。购车后，王某在再次投保时，其（　　）。

A．出过险，保费上调　　B．二手车车主转移，保费按新车计算

C．二手车保费下调　　D．保费不变

5．在二手车过户环节中，确定二手车合法性的权力机关是（　　）。

A．二手车交易市场　　B．公安局车管部门

C．二手车鉴定评估中心　　D．该车生产企业

三、判断题

1．二手车保险过户是不需要费用的。（　　）

2．二手车异地交易时，买方可以将原保险完全退掉。（　　）

3．夫妻之间的车辆变更手续是不需要任何费用的。（　　）

4．夫妻之间车辆变更，车辆号牌也要随之重新挂牌。（　　）

5．购买二手车的时候，只需要查验车辆是否上了保险，可以不查看理赔记录。（　　）

6．夫妻之间车辆过户，只需其中一人到车管所办理即可。（　　）

四、简答题

1．二手车交易类型有哪些？

2．在二手车交易中，根据对该车证件及手续的查验，具有哪些情况的车辆不能办理过户？

3．二手车交易过程中有哪些注意事项?

4．二手车过户中易出现哪些问题?

课题四　二手车置换

一、填空题

1．在完成二手车置换时，过户手续一定要办理好，要让经销商提供过户后的__________复印件、__________复印件和__________复印件。

2．“黄标车”是指污染物排放达不到国Ⅰ标准的______________和达不到国Ⅲ标准的__________。

3．置换二手车时，需要与4S店签订二手车出售协议，其中需要标明车辆的__________，以及经销商所提供的__________。

4．二手车置换补贴分为_________、_________和_________等几种。

5．在二手车置换补贴中，国家补贴的主要目的是____________和刺激消费，厂家补贴是为了刺激消费，4S店补贴主要来源于汽车厂家对于4S店的_______。

二、选择题

1．下列选项中不属于二手车置换业务的是（　　）。

A．以旧换新　　B．以旧换旧

C．寄售业务　　D．改装业务

2．很多车主并不是特别接受二手车置换的主要原因是（　　）。

A．交易存在风险　　B．售价不透明

C．售价低于市场平均值　　D．无法享受政府补贴

3．下列选项中不属于二手车置换优势的是（　　）。

A．置换价格高　　B．免去了处理旧车的麻烦

C．旧车车款可以冲抵新车车款　　D．交易风险低

三、判断题

1．二手车置换的过户手续，车主没必要向4S店索取相关过户复印件。（　　）

2．二手车置换实行“车走牌留”的措施，也就是说，车卖掉了，牌照还是在自己名下保存，并且半年内买车是不用摇号的。（　　）

3．如果旧车是贷款买的，但贷款还没有还清，一般经销商会要求车主必须还清贷款才能进行置换。（　　）

4．国家每一个时期会对老旧汽车报废更新补贴车辆的范围、补贴标准及期限进行规定。（　　）

5．国家旧车置换新车补贴政策中明确规定，在京国家机关、本市各级党政机关和各级财政供养的车辆以及摩托车和低速载货机动车的淘汰，不享受政府补贴。（　　）

6．所有二手车置换的补贴额度都是一样的，没有差异。（　　）

四、简答题

简述二手车置换的优势和不足。

模块六 汽 车 服 务

课题一 汽车服务概述

一、填空题

1. ________是服务营销学的基础，____________是服务营销的核心。

2. 汽车服务营销是一个以________为指导思想、以________为导向的全员性、全过程的整体系统。

3. 一般有形产品定价采用的是__________法，这要求企业尽可能准确地计算产品的__________和__________，在成本的基础上加上按照供需关系并能被市场认可的利润。

4. 汽车服务的生产过程与消费过程属于同一过程，两个过程不可分离，如汽车维修过程对车主而言是________过程，但对维修技师而言则是________过程。

5. 解决服务异质性问题的可能方案：一是利用服务异质性的特质来为客户提供_________的服务；二是开发提供__________的服务交付系统，让每个客户都能接收到相同类型和相同水平的服务。当然，消除这种多样性最有效的方法之一就是用_________代替_________进行服务。

6. 对服务作业收费时，一般也不能以__________时间收费，而必须以__________时间收费。

7. __________是一种价值判断，__________则是客户满意的行为化。

8. 客户满意度的高低取决于在做出购车决定前的____________和购车后____________之间的关系。

9. 汽车服务的"四全"服务策略是指汽车厂商向客户提供"_________、_________、_________、_________"的服务，并将其作为服务商的主要经营策略。

10. 提高客户让渡价值的策略之一是缩短__________。通过增设服务站点、缩短__________来降低客户的________成本、________成本和________成本。

11. 超值服务策略即让服务超越客户的期望，使客户__________满意。

12. 服务的重点在于如何_________________，________________，而不在于增加新的承诺或使承诺升级。

13. 服务的操作存在分散性和独立性，而且服务质量在一定程度上还取决于客户的主观感受。因此，服务的__________、_________和_________显得尤为重要。

14. 社会上的自营服务机构往往拥有贴近用户、收费便宜且服务方式和服务时间更为灵活等优势，但也面临______________不能得到保证、______________不能得到支持、______________难以改善和______________难以提升等问题。

15．服务没有相关产品的材料消耗和销售成本，服务生产的主要成本就是____________和少量的____________。

二、选择题

1．在汽车营销过程中强化服务理念，其目的在于（　　）。

A．提升客户对企业或产品的满意度和忠诚度

B．提高企业的核心竞争优势

C．使企业和客户获得双赢

D．以上都是

2．汽车服务的不可分离性，要求客户参与到服务生产过程中，但客户的参与程度又会因服务内容和形式的差异而有所不同。下列选项中客户参与情况符合这个特点的是（　　）。

A．客户必须在场才能获得服务

B．需要客户在服务开始和结束时在场

C．仅仅要求客户精神参与即可

D．以上都是

3．针对汽车服务无形性所带来的困扰，汽车服务可以利用有形展示或有形线索来获得客户的评估与认可。下列选项中属于有形展示或有形线索的是（　　）。

A．门店的装潢　　B．工作人员的外在形象

C．企业代言的明星　　D．以上都是

4．美国市场营销大师（　　）在《行销管理》一书中指出："企业的整个经营活动要以客户满意度为指针，要从客户角度，用客户的观点而非企业自身利益的观点来分析考虑消费者的需求。"

A．杰罗姆·麦卡锡　　B．菲利普·科特勒

C．乔·吉拉德　　D．罗瑟·里夫斯

5．服务形象策划有必要运用一些视觉元素。下列选项中属于服务策划元素的是（　　）。

A．logo　　B．代言人

C．吉祥物　　D．以上都是

6．服务项目要有利于企业形象特色和竞争优势，要兼顾（　　）的平衡。

A．客户需求　　B．服务成本

C．服务效益　　D．以上都是

三、判断题

1．"全参与服务"是指汽车服务企业随时随地能为客户提供服务，如热线咨询服务、救援服务等。（　　）

2．由于环境、心情、期望等多方面的差异，在服务生产过程中没有两次完全一样的服务。（　　）

3．服务的使用价值若不及时加以利用，机会会"过期作废"或者贬值。（　　）

4．消费者在汽车购买决策中所耗时间越长，对车辆本身期望就越低。（　　）

5．挖掘潜在客户、塑造品牌形象、促进车企发展是汽车厂商最重要的课题。（　　）

6．汽车产品在购买完成之后意味着销售工作的结束。（　　）

7．客户让渡价值代表了企业的实际利益。（　　）

8．100% 的满意就是客户应得的服务价值和超值服务。（　　）

9．服务形象是品牌形象的具体化、生动化，服务形象的策划需要确定一个寓意良好的服务名称。（　　）

四、简答题

1．简述汽车服务的特征。

2．提高客户让渡价值的策略主要包括哪几种？

3．实现超值服务价值的主要措施有哪些？

4. 服务规范通常包括哪几个方面的内容?

5. 在汽车营销与服务中，汽车厂商主要从哪几个方面来提高客户满意度?

6. 汽车服务营销策划主要包括哪些内容?

7．汽车企业如何进行服务形象策划？

课题二　汽车消费业务

一、填空题

1．临时号牌的使用具有________性和______性。

2．未办理____________和____________________的机动车辆不准上路。

3．____________________可以作为有效资产证明，到银行办理抵押贷款。

4．缴纳购置税时需要提供的材料包括__________、____________和身份证。

5．机动车辆保险一般包括________和________。

6．交强险全称为“__________________________”，是中国首个由国家法律规定实行的____________制度。而商业险包括__________和__________两部分。

7．基本险分为__________、______________、盗抢险和车上人员责任险。

8．新车第一年出险一次保费上浮__________，出险五次以上交________的保险价格。

9．车联网的实质就是实现“________________”和谐统一的__________。

10．质押担保分为______________和______________。

11．采用等额本金还款法的购车者前期还款金额要________等额本息，但月还款额逐月__________，整个还款期利息________等额本息。

二、选择题

1．下列选项中需要申领临时号牌的情况是（　　）。

A．从车辆购买地驶回使用地时

B．车辆转籍，已缴正式号牌

C．在本地区未申领正式号牌的新车需驶往外地改装时

D．以上都是

2．下列选项中需要办理车辆移动证的情况是（　　）。

A．无牌证的车辆，需要在本地辖区内移动时

B．车主提取新车

C．新车到车辆管理机关申报牌照或报停

D．以上都是

3．下列选项中属于车辆购置行为的是（　　）。

A．购买　　B．受赠

C．获奖　　D．以上都是

4．在网上选号之后，一般要在（　　）去车管所缴费，不然号码就会被释放掉，并且不能再在网上选号了。

A．当天　　B．三天之内

C．五天之内　　D．七个工作日之内

5．在信用卡分期付款的购车活动中，银行需要（　　）。

A．收取手续费　　B．财产质押

C．担保公司介入　　D．公证机构介入

6．汽车金融公司贷款期限最高为（　　）年。

A．1　　B．3

C．5　　D．6

7．采取等额本金还款法适合于（　　）的购车者。

A．收入较高　　B．现金流稳定

C．追求高性价比　　D．以上都是

三、判断题

1．罚没车永远不得办理机动车牌照。（　　）

2．汽车4S店负责进口机动车自选号牌的发放工作。（　　）

3．机动车登记证书是车辆所有权的法律证明，相当于车辆的户口簿，由车辆所有人保管，不随车携带。（　　）

4．王某花高价购买了一辆二手豪车，因此他需要缴纳的车辆购置税也比较高。（　　）

5．新车上牌前必须完税。（　　）

6．保费的确定和新车购置价有很大关联。（　　）

7．新车没挂牌出了事故，保险不赔。（　　）

8．开车撞了自己家人，保险是不赔付的。（　　）

9．同价位的不同车型汽车，其保险价格是完全相同的。（　　）

10．每个险别不计免赔是可以独立投保的。（　　）

四、简答题

1. 简述新车上牌的一般流程。

2. 车险政策变化对后市场有怎样的影响？

3. 车联网技术下的车险呈现出何种发展态势？

4. 汽车消费贷款的类型有哪些?

5. 汽车贷款的还款方式有哪些?

课题三　汽车售后服务

一、填空题

1．售后服务是指通过一个__________、__________和简单化的服务流程去满足客户的需求，同时提供更多的产品或服务供客户________，确保客户的回店率。

2．汽车售后服务的目标是满足客户________，实现客户__________。

3．汽车售后服务的主要特点是____________。它运用__________的思想和__________的科学管理方法以及最新手段，将分散的、各自为政的局部利益巧妙地联结在一起，形成了一个各部分有机结合的系统服务工程。

4．在美国，汽车售后服务业被誉为“________________”。

5．汽车俱乐部是提供汽车救援和各种便利性服务的全方位汽车保障机构，融汽车服务、____________和____________于一体。

6．汽车售后服务品牌化创新模式，就是借用品牌管理思想，通过______、________、__________和实施，在用户中形成预期的__________、美誉度和__________，最终达到促进汽车产品销售、提高市场占有率的目的。

7．汽车产品服务品牌角色应该定位为一个企业的__________，即自身品牌附加于汽车产品__________，在品牌表现时，应将这一附加品牌与主品牌一同列出。

8．根据菲利普·科特勒关于整体汽车产品概念的观点，汽车整体产品可以分为______________与______________。在品牌定位的过程中，实体产品的品牌就是平时所说的______________。

9．按一汽大众决策层对其营销服务渠道建设的最新理解，所有特约服务站应当是四位一体的，即销售、__________、__________和_____________四位一体。

10．汽车售后服务 CI 化关键在于两个方面，即____________________________规划和__________________________制定。

二、选择题

1．(　　)是现代汽车售后服务的界定标志。

A．信息技术　　　　B．科学技术

C．服务品牌　　　　D．服务质量

2．现代汽车售后服务要从节能与环境保护的角度对汽车售后服务体系进行改进，这主要体现了现代汽车售后服务的(　　)这一重要内容。

A．与时俱进　　　　B．可持续发展

C．创新发展　　　　D．系统发展

3．4S 店 / 特约维修站就是整车生产厂商主导的(　　)渠道，零配件主要通过整车厂商的销售部门直接到达 4S 店 / 特约维修站，少部分也会走分销渠道。

A．专门　　B．独立

C．非独立　　D．分销

4．成功的汽车售后服务品牌的实现，要根据（　　）来设计。

A．企业产品自身的特色　　B．客户的需求

C．企业自身的能力　　D．以上都是

5．一汽大众要营造一个共享、互动、交流、沟通、亲情的全新氛围，展示其人性化售后服务形象。下列选项中能体现这一服务理念的是（　　）。

A．由落地玻璃装成的斜顶式大厅

B．用茶座式开放接待独立桌取代传统的柜台式格局

C．在大厅中新增儿童游乐区

D．以上都是

三、判断题

1．现代汽车售后服务是以管理理念作为技术支撑来实现其整合功能的。（　　）

2．汽车售后服务的本质是服务，汽车售后服务的质量是汽车售后服务企业的生命。（　　）

3．现代汽车售后服务系统的运行过程是追求单个活动的最优化。（　　）

4．电子技术、系统工程和技术经济学等都是汽车售后服务工程学科形成的重要基础。（　　）

5．汽车售后服务工程是在生产发展到一定水平之后为适应社会经济的需要才产生的，这是造成汽车售后服务工程后进性的根本原因。（　　）

6．成功的汽车售后服务品牌的实现主要表现在追求服务的响应时间、完成速度以及服务时间长度。（　　）

四、简答题

1．简述汽车售后服务的内涵。

2. 我国汽车售后服务在多种机制并行情况下存在哪些经营模式？

3. 如何进行售后客户关系维护？

综合试卷（一）

一、填空题（每空 1 分，共 20 分）

1. 汽车是人们提高________品质、创造_________方式的一种选择。

2. 周期性波动以________为周期，是与国民经济周期性的宏观波动进程大致相同的一种循环波动，受______________周期性波动的影响。

3. 潜在客户必须具备三个基本要素，即__________、________、________，以此为依据对潜在客户的判断方法，称为__________法则。

4. 成交信号是指客户在________、________、__________等方面所表露出来的打算购买产品的一切暗示或提示。

5. 汽车大客户营销策略主要包括______________、______________和______________。

6. “人与车”的关系主要侧重于产品层面的__________和__________。

7. 汽车俱乐部是提供汽车救援和各种便利性服务的全方位汽车保障机构，融汽车服务、____________和____________于一体。

8. 基本险分为______________、______________、盗抢险和车上人员责任险。

二、选择题（每题 2 分，共 20 分）

1.（　　）是现代汽车售后服务的界定标志。

A．信息技术　　B．科学技术

C．服务品牌　　D．服务质量

2. 美国市场营销大师（　　）在《行销管理》一书中指出：“企业的整个经营活动要以客户满意度为指针，要从客户角度，用客户的观点而非企业自身利益的观点来分析考虑消费者的需求。”

A．杰罗姆・麦卡锡　　B．菲利普・科特勒

C．乔・吉拉德　　D．罗瑟・里夫斯

3. 王某在购买二手车时查验了该车的保险单及理赔记录，发现该车发生过几次理赔。购车后，王某在再次投保时，其（　　）。

A．出过险，保费上调

B．二手车车主转移，保费按新车计算

C．二手车保费下调

D．保费不变

4. 下列选项中不属于外观检查的是（　　）。

A．鉴别拼装车辆　　B．车辆内部检查

C．鉴别事故车辆　　D．车辆外部检查

5. APP凭借天然的精准性、位置化、长尾性、互动性以及高用户黏性，成为品牌“(　　)”的工具，敲开了品牌入驻移动营销的大门。

A. 推广营销　　B. 自营销

C. 辅助营销　　D. 他营销

6. 下列选项中不属于微信营销的展现形式的是（　　）。

A. 展示类　　B. O2O

C. 富媒体　　D. 活动类

7. 某汽车销售公司采用了“试乘试驾”“免费使用若干年”“户外活动”等销售活动来吸引客户，该案例属于（　　）的运用。

A. 诱导成交法　　B. 机会成交法

C. 体验成交法　　D. 富兰克林成交法

8. 娱乐营销的实质是一种（　　）。

A. 关系营销　　B. 体验营销

C. 感性营销　　D. 情感营销

9. 汽车营销进入壁垒高主要表现为对于进入者的（　　）要求很高，经销商生存压力大。

A. 科技实力　　B. 售后服务

C. 资金实力　　D. 产品质量

10. 正常来说，一辆新车一年后会贬值（　　）。

A. 10%　　B. 20%

C. 30%　　D. 50%

三、判断题（每题2分，共20分）

1. 汽车营销是一种终身销售和服务。（　　）

2. 新车销售的增长依赖于二手车市场，新车交易量的相当比例来源于置换消费。（　　）

3. 客户的需求表现并不都是明确的、外在的，但客户对自己的内在需求都能认识到。（　　）

4. 软文是带有某种动机的文体，其实质是企业软性渗透的商业策略在广告形式上的实现。（　　）

5. 微博是重要事件最好的新闻发布现场。（　　）

6. 主机厂和消费者之间只是传统的“生产和消费”的关系。（　　）

7. 王某花高价购买了一辆二手豪车，因此他需要缴纳的车辆购置税也比较高。（　　）

8. 消费者在汽车购买决策中所耗时间越长，对车辆本身期望就越低。（　　）

9. 二手车置换实行“车走牌留”的措施，也就是说，车卖掉了，牌照还是在自己名下保存，并且半年内买车是不用摇号的。（　　）

10. 夫妻之间车辆变更，车辆号牌也要随之重新挂牌。（　　）

四、简答题（40分）

1．汽车市场营销宏观环境包括哪些方面？其具体内容有哪些？（14分）

2．简述沟通的基本原则。（8分）

3．异业联盟营销有哪些特点？（7 分）

4．汽车企业如何进行服务形象策划？（11 分）

综合试卷（二）

一、填空题（每空 1 分，共 20 分）

1. 马斯洛需求层次理论按重要程度依次为__________需要、安全需要、__________需要、尊重需要和__________需要。

2. 异业联盟合作类型主要分为__________和__________两种。其中，合纵型异业联盟可分为__________异业联盟和__________异业联盟。

3. 按一汽大众决策层对其营销服务渠道建设的最新理解，所有特约服务站应当是四位一体的，即销售、__________、__________和__________四位一体。

4. 机动车辆保险一般包括__________和__________。

5. 汽车服务的“四全”服务策略是指汽车厂商向客户提供“__________、__________、__________、__________”的服务，并将其作为服务商的主要经营策略。

6. “黄标车”是指污染物排放达不到国Ⅰ标准的__________和达不到国Ⅲ标准的__________。

7. 二手车公平价格过户费主要按________、________进行收取。

二、选择题（每题 2 分，共 20 分）

1. 汽车营销体现的是一种（　　）的营销。

A．生活品质　　B．生活方式

C．人际关系　　D．社会关系

2. 消费者在面对众多汽车广告时，可能引起他们注意的只有一条，因为这条广告，消费者可能会对该广告宣传的车型做进一步的了解，很可能最终选择该车型，这是人们的（　　）知觉过程。

A．选择性忽视　　B．选择性注意

C．选择性理解　　D．选择性记忆

3.（　　）模式是网络营销盈利最传统的方法，也是最有效的方法。

A．咨询服务　　B．产品销售

C．广告盈利　　D．中间差价

4. 微博具备传统传播渠道和平台没有的（　　）属性。

A．娱乐　　B．社交

C．商业　　D．广告

5. 一辆汽车产品在市场上是有一定生命周期的，一款全新汽车产品在上市前，往往有近一年的预热期。下列选项中的年限不符合汽车产品在市场上的生命周期范围的是（　　）年。

A．3　　B．4

C．5　　D．6

6．在二手车的处理渠道中，售车价格最有保证的是（　　）。

A．二手车交易市场　　B．寄卖（中介）公司

C．二手车网站　　D．4S 店以旧换新

7．对车辆价格起决定作用的是（　　）。

A．行驶里程　　B．使用年限

C．车损程度　　D．车辆品牌

8．二手车过户时，如果是外地个人购车，需要提供其身份证及有效期至少为（　　）年的暂住证。

A．1　　B．2

C．3　　D．5

9．下列选项中不属于二手车置换业务的是（　　）。

A．以旧换新　　B．以旧换旧

C．寄售业务　　D．改装业务

10．针对汽车服务无形性所带来的困扰，汽车服务可以利用有形展示或有形线索来获得客户的评估与认可，下列选项中属于有形展示或有形线索的是（　　）。

A．门店的装潢　　B．工作人员的外在形象

C．企业代言的明星　　D．以上都是

三、判断题（每题 2 分，共 20 分）

1．服务的重点在于兑现服务承诺，保障服务质量，并且不断增加新的承诺或使承诺升级。（　　）

2．国家旧车置换新车补贴政策中明确规定，在京国家机关、本市各级党政机关和各级财政供养的车辆以及摩托车和低速载货机动车的淘汰，不享受政府补贴。（　　）

3．车辆的过户次数、权属资料的齐全度及车辆保险出险情况等都是直接影响车辆价格的因素。（　　）

4．二手车鉴定评估工作具有极强的动态性和时效性。（　　）

5．价格越高的汽车，其折价率越低。（　　）

6．在移动社交的场景下，公众号的结束不会止于分享，而是沉淀或者转化于品牌重度分销者。（　　）

7．目前的汽车电商大体分为 B2C 和 O2O 两种模式。（　　）

8．连横式异业联盟合作对象，须在其行业内具有一定规模和市场占有率，原则上各行业只能选择一家合作。（　　）

9．电梯广告、地铁广告等广告形式不属于户外媒体广告范畴。（　　）

10．同价位的不同车型汽车，其保险价格是完全相同的。（　　）

四、简答题（40 分）

1．客户异议有哪些类型？（8 分）

2．在二手车交易中，根据对该车证件及手续的查验，具有哪些情况的车辆不能办理过户？（16 分）

3．提高客户让渡价值的策略主要包括哪几种？（8 分）

4．汽车贷款的还款方式有哪些？（8 分）

综合试卷（三）

一、填空题（每空 1 分，共 20 分）

1. 通路打通主要实现___________、___________、_________________三大环节的打通，这三个维度实现了_________、_________、________之间全覆盖和三者之间“强关系”的建设。

2. 汽车市场需求波动主要包括__________、__________、__________和_________四种形态，其中后三种波动形态被称为“______________________________”。

3. 客户需求异议处理技巧包括投其所好、___________、___________和___________。

4. 二手车技术状况的鉴定是二手车鉴定评估工作的基础与关键，其鉴定方法主要有____________、____________和____________三种。

5. 我国资产评估中有四种价格计量标准，即__________标准、________标准、收益现值标准和______________标准。二手车评估属于资产评估，因此，二手车估价也遵守这四种价格计量标准。

二、选择题（每题 2 分，共 20 分）

1. 下列选项中需要申领临时号牌的情况是（　　）。

A. 从车辆购买地驶回使用地时

B. 车辆转籍，已缴正式号牌

C. 在本地区未申领正式号牌的新车需驶往外地改装时

D. 以上都是

2.（　　）年 3 月，国务院办公厅印发了《关于促进二手车便利交易的若干意见》，从税收政策、金融支持力度等八个方面为便利二手车市场交易做了具体的部署。

A. 2002　　B. 2005

C. 2010　　D. 2016

3. “人与服务”是通路打通的重要环节之一，“人与服务”关系中的“人”主要指的是（　　）。

A. 消费者　　B. 潜在用户

C. 既有用户　　D. 企业

4.（　　）是客户异议处理的基本原则。

A. 客户受益原则　　B. 尊重客户异议

C. 维护客户自尊　　D. 不争辩原则

5. 下列选项中不属于语言表达中禁忌的是（　　）。

A. 使用随意、套近乎的称呼　　B. 在交谈中随意变更对方的称呼

C. “您这么说就不对了”　　D. “您说的有道理，但我觉得……”

6. 客户资格鉴定的目的在于发现真正的推销对象，根据“MAN”法则，下列选项中属于准客户的是（　　）。

A. M+A+N　　B. M+A+N

C. m+A+N　　D. m+a+n

7. 下列选项中不属于企业竞争的机会的是（　　）。

A. 规模经济　　B. 外国市场壁垒解除

C. 新需求　　D. 竞争对手失误

8. 在信用卡分期付款的购车活动中，银行需要（　　）。

A. 收取手续费　　B. 财产质押

C. 担保公司介入　　D. 公证机构介入

9. 在购买二手车的时候，要仔细查验有关单证，以正确判断车辆的真实身份。下列选项中有关单证不属于查验范围的是（　　）。

A. 车主驾照　　B. 车辆购置税费发票

C. 机动车行驶证　　D. 保险单

10. 二手车鉴定估价实质上属于（　　）的范畴。

A. 技术鉴定　　B. 价值评估

C. 资产评估　　D. 业务咨询

三、判断题（每题 2 分，共 20 分）

1. 二手车报废清理时回收的那些材料、废料的价值称为残值，它体现二手车丧失使用价值以后的残体价值。（　　）

2. 购买二手车的时候，只需要查验车辆是否上了保险，理赔记录可以不查看。（　　）

3. 100% 的满意就是客户应得的服务价值和超值服务。（　　）

4. 汽车 4S 店负责进口机动车自选号牌的发放工作。（　　）

5. 成功的汽车售后服务品牌的实现主要表现在追求服务的响应时间、完成速度以及服务时间长度。（　　）

6. 沿海地区及大型中心城市的汽车市场大于其他地区，这主要是因为沿海地区及大型中心城市的人口多。（　　）

7. 作为一个社交媒体平台，微博不仅包含用户的讨论，还拥有完整的用户信息和社交行为数据。（　　）

8. 售后服务的关键在于企业与用户之间的沟通。（　　）

9. 传递个性化、有价值的品牌信息是 APP 营销成功的关键，APP 设计在贴合自身品牌定位的同时，应注意努力弱化商业元素，巧妙植入品牌信息。（　　）

10. 开车撞了自己家人，保险是不赔付的。（　　）

四、简答题（40 分）

1. 简述汽车市场需求波动的主要形态。（8 分）

2. 客户开发的策略有哪些？（12 分）

3. 如何选择异业联盟成员？（10分）

4. 二手车的处理渠道有哪些？（10分）

综合试卷（四）

一、填空题（每空 1 分，共 24 分）

1. 宏观环境因素对企业的营销活动具有强制性、________和________等特点。

2. 车企品牌定制 APP 价值实现的基础，得益于 APP 的________、________和互动价值。

3. 人们一般经历三种知觉过程，一是________，二是________，三是________。

4. Web 网页上最常见的，也是最有效的广告形式是__________，被很形象地称为_________。

5. 直复营销的“直”是指不通过__________而直接通过_______连接企业和消费者；直复营销中的“复”是指企业与客户之间的_________。

6. 二手车交易市场是指依法设立、为买卖双方提供二手车集中交易和相关服务的场所，它具有___________和__________的双重属性。

7. 二手车静态检查主要包括__________和__________两部分。

8. 识伪检查主要包括鉴别___________、___________、海关监管车辆和__________。

9. 采用等额本金还款法的购车者前期还款金额要_______等额本息，但月还款额逐月________，整个还款期利息_______等额本息。

10. 非语言沟通主要包括_________和__________。

二、选择题（每题 2 分，共 20 分）

1. 下列选项中不属于汽车市场需求波动形态中偶然性波动特征的是（　　）。

   A. 钓鱼岛事件　　B. 新冠肺炎疫情

   C. 金九银十　　D. 购置税减半政策

2. 汽车大客户营销的主要手段是（　　）。

   A. 关系营销　　B. 战略营销

   C. 品牌营销　　D. 规模营销

3. 在汽车营销过程中强化服务理念，其目的在于（　　）。

   A. 提升客户对企业或产品的满意度和忠诚度

   B. 提高企业的核心竞争优势

   C. 使企业和客户获得双赢

   D. 以上都是

4. （　　）是网站流量来源的根本，也是一种常用的网站推广手段。

   A. 点击率　　B. 网站内容

C．软文　　D．友情链接

5．用微博做营销，重点在于（　　）。

A．博主　　B．粉丝

C．游客　　D．厂商

6．企业公众号从一个企业发声渠道演变为一个丰富的综合渠道，下列选项中不属于这个综合渠道的内容的是（　　）。

A．企业产品销售　　B．企业品牌传播

C．消费者的维护　　D．移动电商运营

7．“汽车报价大全 APP”通过提供购车选择和组合方式来吸引客户，并向其推荐合适的品牌和车型。这种营销模式属于（　　）。

A．广告营销模式　　B．用户营销模式

C．移植营销模式　　D．内容营销模式

8．采取等额本金还款法适合于（　　）的购车者。

A．收入较高　　B．现金流稳定

C．追求高性价比　　D．以上都是

9．季节性波动主要由（　　）的市场需求规律决定。

A．宏观经济　　B．产业自身

C．区域经济　　D．国民消费

10．客户提出“你们公司车型太少，没什么选择余地”的异议，销售顾问可采用（　　）处理。

A．直接反驳法　　B．转折处理法

C．询问法　　D．沉默法

三、判断题（每题 2 分，共 20 分）

1．汽车市场营销微观环境是指与汽车企业关系密切、能够影响客户购买能力的各种因素。（　　）

2．马斯洛需求层次理论可以帮助营销人员理解消费者的生活和目标，但无法识别消费者的需要。（　　）

3．沟通中的制约技巧强调的是先一步控制客户的思维方向，控制客户对话语的体会，以及可能对客户产生的各种心理影响，提前限制住自己不希望的发展方向。（　　）

4．不提任何异议的客户往往是没有购买欲望的客户。（　　）

5．建立二手车市场主体信用记录，纳入全国信用信息共享平台，并按照有关规定及时在企业信用信息公示系统以及“信用中国”网站予以公开，方便社会查询和应用。（　　）

6．评估过程是以人的智力活动为中心开展的，评估质量的高低取决于评估人员掌握的信息、知识结构和经验。（　　）

7．现代汽车售后服务系统的运行过程是追求单个活动的最优化。（　　）

8．购买二手车的时候，只需要查验车辆是否上了保险，可以不查看理赔记录。（　　）

9．“全参与服务”是指汽车服务企业随时随地能为客户提供服务，如热线咨询服务、救援服务等。（　　）

10．目前二手车市场都有自己的评估机构。 （ ）

四、简答题（36分）

1．简述富兰克林成交法。（6分）

2．简述汽车APP渠道推广方法。（10分）

3．实现超值服务价值的主要措施有哪些？（8分）

4. 简述汽车微信营销的技巧与方法。（12 分）